I0827832

ISBN: 979-8-9923945-6-6

Book Cover by Nicolene Luff
Illustrations by Nicolene Luff

ISBN: 979-8-9923945-6-6

LAAT ONS
TAAL
VOORTLEEF
DEUR
JOU!

Kom ons lees

saam oor

NOAG

wat die ark

gebou het.

In die

BYBEL

lees ons daaroor
in Genesis
6 tot 9.

Nadat God vir
Adam en Eva
gemaak het,
het die mense
op aarde
BAIE
geword.

Die godseuns het gesien hoe

MOOI

die mens se dogters was en het van hulle as vroue gekies.

Hulle kinders het helde geword wat in die ou legendes genoem word. In daardie tye, was daar **reuse** op aarde.

Toe sê
die Here
dat Hy voortaan
vir die mens net
'n 120 jaar
sal gee
om op aarde
te leef.

120

Die Here was hartseer om te sien dat die mens se gedagtes die heeltyd BOOS was.

Niemand was lief vir God nie, en dit het Hom so HARTSEER gemaak. Daarom, het God besluit dat Hy alles op aarde gaan uitwis.

In daardie tyd,
was Noag
die enigste
foutlose persoon.
Hy het God
se wil
uitgeleef.
Hy was God se
VRIEND

Daarom was God vir Noag en sy familie

GOEDGESIND

Die res van die wêreld was

VOL GEWELD

God het vir Noag

gesê om 'n

GROOT ARK

te bou

met verskillende

vertrekke

binne in en dit

te seël met teer.

God sê vir Noag,
"Let op!
Ek gaan
VLOEDWATERS
oor die aarde
laat kom, wat
alles onder die
son sal uitwis."

"Maar aan jou,
Noag, maak Ek 'n

VERBOND

Jy, jou vrou, jou
seuns; Sem, Gam,
Jafet en hul
vroue, moet in
die ark ingaan."

"Twee van elke
soort dier sal
na jou toe kom.
Jy moet
'n **PAAR**
'n mannetjie
en 'n wyfie
in die ark sit."

"So sal
al die voëls
en al die diere
ook
saam met jou
die vloed
OORLEEF."

Toe die tyd
aanbreek,
het God vir Noag
gesê om in die
ark in te gaan,
en dat dit vir
40 dae en
40 nagte gaan

REËN

Toe Noag met sy familie, saam met al die diere, die ark binne gegaan het, het die Here die deur agter hulle TOEGESLUIT

Die water het al die droë grond bedek vir **150** dae lank. Tot die hoogste berge was

ONDER WATER

Toe God die vloed laat sak, het die ark boop die

ARARAT BERGE

vasgesit. Toe hulle uitklim, was Noag 601 jaar oud.

Die Here sê toe

vir Noag,

"Ek sal nie weer

in die manier die

aarde straf nie.

Die REËNBOOG

is die teken van

My verbond."

God sê toe
vir hulle,
"Julle moet
meer word
en baie
KINDERS
hê om so,
weer die aarde
vol te maak."

So, stam al die

MENSE

op aarde

van Noag en sy

drie seuns af.

Noag was

950 jaar oud

toe hy dood is.

Noag was 'n goeie man, 'n man wat kan
sy seun was Gam

aan God was hy getrou
op God het hy vertrou

God het vir hom gesê
in 'n ark moet jy belê

'n ark moet jy nou bou
oor die mensdom het Ek berou

maar vir jou sal Ek red!
Vir jou en jou seuns; Sem, Gam en Jafet

This book is part of a series of books written in Afrikaans.

Ek LEES in Afrikaans oor NOAG
Ek LEES in Afrikaans oor PLANTE
Ek LEES in Afrikaans oor BEROEPE
& more!

Be on the lookout for other Afrikaans reading & activity books!

Ek TEL in Afrikaans
Ek BID in Afrikaans
Ek SKRYF in Afrikaans
& more!

Find them on
Amazon
&
Etsy

Let Afrikaans live on through you!

www.ingramcontent.com/pod-product-compliance
Lightning Source LLC
LaVergne TN
LVHW052259100826
845147LV00001B/90
9798992394566